BEI GRIN MACHT SICH IHR WISSEN BEZAHLT

- Wir veröffentlichen Ihre Hausarbeit, Bachelor- und Masterarbeit

- Ihr eigenes eBook und Buch - weltweit in allen wichtigen Shops

- Verdienen Sie an jedem Verkauf

Jetzt bei www.GRIN.com hochladen und kostenlos publizieren

Bibliografische Information der Deutschen Nationalbibliothek:

Die Deutsche Bibliothek verzeichnet diese Publikation in der Deutschen National-bibliografie; detaillierte bibliografische Daten sind im Internet über http://dnb.d-nb.de/ abrufbar.

Impressum:

Copyright © 2014 GRIN Verlag, Open Publishing GmbH
Druck und Bindung: Books on Demand GmbH, Norderstedt Germany
ISBN: 978-3-668-20430-0

Dieses Buch bei GRIN:

http://www.grin.com/de/e-book/320735/darstellung-der-wechselpraepositionen-in-vier-grammatiken-des-deutschen

Na Chen

Darstellung der Wechselpräpositionen in vier Grammatiken des Deutschen

GRIN Verlag

GRIN - Your knowledge has value

Der GRIN Verlag publiziert seit 1998 wissenschaftliche Arbeiten von Studenten, Hochschullehrern und anderen Akademikern als eBook und gedrucktes Buch. Die Verlagswebsite www.grin.com ist die ideale Plattform zur Veröffentlichung von Hausarbeiten, Abschlussarbeiten, wissenschaftlichen Aufsätzen, Dissertationen und Fachbüchern.

Besuchen Sie uns im Internet:

http://www.grin.com/

http://www.facebook.com/grincom

http://www.twitter.com/grin_com

Universität Leipzig
Philologische Fakultät
WS13/14

Hausarbeit

Darstellung der Wechselpräpositionen

in vier Grammatiken des Deutschen

vorgelegt von Na Chen

Abgabetermin: 05.14

Inhaltsverzeichnis

1. Einleitung

Die Präposition[1] (lat. *praepositio*), die als Verhältniswort/ Beziehungswort/ Fallfügwort bezeichnet wird und deren primäre Funktion darin besteht, Beziehungen zwischen Wörter und Wortgruppen herzustellen, nimmt im Deutschen, wie in den meisten anderen Sprachen einen wichtig Platz ein (vgl. Grießhaber 2009: S. 629, Hentschel/ Weydt 2003: S. 275). Sie stellt sowohl in schriftlichen Texten, als auch im mündlichen Sprachgebrauch einen hohen Anteil dar und zählt zu den am häufigsten verwendeten Wörtern (vgl. Eisenberg/ Gelhaus/ Wellmann usw. 1995: S. 375, Grießhaber 2009: S. 636). Seit langem ist sie Gegenstand namhafter Sprachwissenschaftler bzw. Linguisten darunter Eisenberg/ Wiese (1995), Carstensen (2001), Redder (2005), die sie aus den verschiedensten Perspektiven erforscht haben. In dieser Arbeit wird vor allem die Beschreibung und Klassifizierung einer Untergruppe von Präposition, nämlich die der Wechselpräpositionen in verschiedenen Grammatiken erfolgen. Diese stellen wegen ihrer Besonderheiten oft Schwierigkeiten für Deutschlernende dar.

Zu Beginn der vorliegenden Arbeit werden die linguistische Einordnung bzw. Charakteristika der Wechselpräpositionen vorgestellt. Dem Leser wird vor allem eine Übersicht über die Rektion, den Gebrauch bzw. semantische Klassifizierung der Wechselpräpositionen gegeben. Die sich daraus ergebenden Lernschwierigkeiten werden im Anschluss daran erläutert.

Je nach Konzeption werden Wechselpräpositionen in Grammatiken unterschiedlich beschrieben und dargestellt. Eine übersichtliche, logische adressatenbezogene Darstellung erleichtert das Deutschlehren und –lernen sehr. Im Kapitel 3 wird die Beschreibung und Klassifizierung der Wechselpräpositionen in 2 linguistischen Grammatiken, der *Duden Grammatik der deutschen Gegenwartssprache Band 4, 5. Aufl.* und *Grammatik der deutschen Sprache. Sprachsystem und Sprachgebrauch, 3. Aufl.* und 2 didaktischer Grammatiken, der *Deutsch Express. Lernergrammatik* und *Einfach Grammatik. Übungsgrammatik Deutsch A1 bis B1* aufgezeigt. Vor- und Nachteile werden dazu genauer erläutert. Abschließend folgt das Fazit und der Ausblick.

---

1 Oberbegriff für alle Präpositionen

2. Wechselpräpositionen in der deutschen Sprache

Wechselpräpositionen, wie alle andere Präpositionen, sind aus anderen Wortklassen entstanden (vgl. Hentschel/Weydt 2003: S. 275, Boettcher 2009: S. 141). Nach Helbig/ Buscha (2001: S. 353) gehören sie zur primären Präposition, da sie nicht als Ableitungen und Zusammensetzungen erkennbar sind und eine relativ geschlossene Wortklasse bilden. Die Anzahl der Wechselpräpositionen ist unumstritten und es gibt nur 9 Wechselpräpositionen, nämlich *an, auf, hinter, in, neben, über, unter, vor, zwischen* (vgl. Lütze 2011: S. 105, Helbig/ Buscha 2001: S. 353, Eisenberg/ Gelhaus/ Wellmann usw. 1995: S. 385).

2.1. Morphologische Merkmale

Wechselpräpositionen gehören zu den nicht flektierbaren Wortarten. Sie sind weder deklinierbar noch komparierbar. Als Beziehungswörter treten sie immer zusammen mit ihren Bezugswörtern wie Substantiven, Pronomen, Adjektiven und Adverbien auf, deren Kasus sie festlegen (vgl. Eisenberg, P. /Gelhaus, H./Wellmann, H. 1995: S. 376). Wechselpräpositionen können sowohl den Dativ als auch den Akkusativ regieren (vgl. Helbig/ Buscha 2001: S. 353), z.B.:

> *Er hängt das Bild an die Wand.* (an + Akkusativ)
>
> *Das Bild hängt an der Wand.* (an + Dativ)

Als Regel gilt es folgendes: Der Dativ steht, wenn es sich um situatives, nicht bewegungs- und zielgerichtetes Geschehen, also um keine Ortsveränderung handelt, der Akkusativ steht, wenn es sich um bewegungs- oder zielgerichtetes Geschehen, also um Ortsveränderung handelt (Götze/ Hess-Lüttich 2002: S. 307). Bei der Verwendung von Wechselpräpositionen ergeben sich allerdings viele Besonderheiten. In Bezug auf Götze/ Hess-Lüttich (2002: S. 307-308) und Eisenberg/ Gelhaus/ Wellmann usw. (1995: 386) sollen einige davon kurz erläutert werden:

1. Es gibt Zweifelsfälle, bei denen man beide Kasus verwenden kann:

Z.B.: *Inge hat sich in dem/das Zimmer eingeschlossen.*

2. In manchen Fällen hat sich einer der beiden Kasus bereits stärker oder ganz durchgesetzt.

Z.B.: *Wir kehrten in einem (selten: ein) Gasthaus ein.*

3. Bei *sein* im Passiv wird stets der Dativ verwendet.

Z.B.: *Das Bild ist an der Wand befestigt.*

4. In übertragender Bedeutung steht bei *auf* und *über* der Akkusativ:

Z.B.: *Sie kommt auf alle Fälle.*

5. Manchmal kommt es auch auf den Standpunkt des Sprechers an, ob der Dativ oder Akkusativ zu wählen ist.

Es gibt neben der Dativ- und Akkusativkasusforderung auch einige andere Ausnahmen. Manche Wechselpräpositionen sind unter bestimmten Bedingungen ohne Kasusforderung und treten zusammen mit Konjuktionen auf, z.B. *zwischen Himmel und Erde* (vgl. Eisenberg/ Gelhaus/ Wellmann usw. 1995: S. 376). Wechselpräpositionen verschmelzen auch oft mit Artikeln von Substantiven, z.B. *ins* für *in das*, *am* für *an dem*. (vgl. Grießhaber 2009: S. 639, Boettcher 2009: S. 141).

2.2. Syntaktische Funktionen

Wie alle andere Präpositionen treten Wechselpräpositionen weder als Satzglied noch als Attribut auf, d.h. sie sind nicht satzgliedfähig und können nicht allein im Satz frei verschoben werden (vgl. Eisenberg/ Gelhaus/ Wellmann 1995: S. 376, Pitner/ Berman 2008: S. 23). Wechselpräpositionalphrasen, also Wechselpräpositionen die in der Regel mit einer Nominalphrase auftreten, können dann Satzglieder oder Attribute darstellen. Wechselpräpositionalphrasen können in 3 syntaktischen Funktionen im Satz auftreten und entweder eine Ergänzung oder eine Angabe sein (vgl. Eisenberg/Gelhaus/Wellmann usw. 1995: S. 376). Im folgenden wird ihre syntaktische Funktionen anhand von Beispielen veranschaulicht:

    Präpositionalattribut: *Das Kind an dem Tisch ist 5 Jahre alt.* (Angabe)

    Präpositionales objekt: *Ich freue mich über die gute Nachricht.* (Ergänzung)

    Präpositionales Adverbial: *Karl liest ein Buch auf dem Sofa.* (Angabe)

    (vgl. Tarasevich 2003: S. 19-24)

Wechselpräpositionalphrasen können in all diesen 3 syntaktischen Funktionen auftreten. Man unterscheidet allerdings noch zwischen Situativergänzung (wenn der Dativ steht) und Richtungsergänzung (wenn der Akkusativ steht):

Z.B.: *Wir trafen uns auf der Brücke.* (Situativergänzung)

Ich hänge die Lampe über den Tisch. (Richtungsergänzung)

(Götze/ Hess-Lüttich 2002: S. 456-461)

Nach Eisenberg/ Gelhaus/ Wellmann (1995: S. 377) ist bei den Wechselpräpositionalphrasen zwischen freiem und gebundenem Gebrauch von Wechselpräpositionen zu unterscheiden. Bei freiem Gebrauch kann eine Wechselpräposition durch eine andere ersetzt werden, bei gebundenem Gebrauch hingegen nicht:

Z.B. *Das Auto steht in der Garage/ vor der Garage/ neben der Garage.*

Ihre Hoffnung auf ein Wiedersehen erfüllt sich nicht. (nur auf)

2.3. Semantische Klassifizierung

Nach den Verhältnissen oder Beziehungen, die durch Wechselpräpositionen gekennzeichnet werden, lassen sich hauptsächlich lokale, temporale, modale und kausale Verhältnisse unterscheiden. Es gibt jedoch nicht nur diese 4 Gruppen, sondern noch weitere wie das konditionale Verhältnis z.b. *Im Dunkel ist es schwer zu laufen.* (vgl. Eisenberg/ Gelhaus/ Wellmann/Henne/Sitta 1995: S. 378, Hentschel/ Weydt 2003: S, 277).

Einige Wechselpräpositionen sind von der Valenz der Verben, Substantive oder Adjektive bestimmt, z.B. *sich auf...konzentrieren.* Die Wechselpräpositionen selbst haben keine Bedeutung mehr, sondern sind nur noch syntaktisches Steuerungsmittel (Götze/ Hess-Lüttich 2002: S. 310).

Im folgenden werden vor allem anhand der Beschreibung von Helbig/ BusScha (2001) und Götze/ Hess-Lüttich (2002) einige Wechselpräpositionen als Beispiele zur Erläuterung ihrer semantischen Merkmale aufgezeigt.

auf:

z.B.: *Das Buch liegt auf dem Tisch.* (Lokal. Mit Berührung)

Auf der Wanderung sahen wir verschiedene Wildtiere. (Temporal. Gleichzeitigkeit)

Er arbeitet auf den Zentimeter genau. (Modal. Maßangabe)

Er las das Buch auf Anregung seines Professors. (Kausal)

(Helbig/ Buscha 2001: S. 364-366)

an:

Z.B.: *Der Schrank steht an der Wand* (Lokal)

Der Tisch ist am größten (Modal)

Am nächsten Sonntag gibt es eine Party. (Temporal)

(Götze/ Hess-Lüttich 2002: S. 310-311, Helbig/ Buscha 2001: S. 363)

unter:

Z.B.: *Sie legt den Teppich unter den Tisch.* (Lokal Ortsveränderung)

Unter dem Tisch liegt ein Teppich. (Lokal, keine Ortsveränderung)

Unter der Bedingung, unter (diesen/allen/..) Umständen (Modal, fester Verbindungen)

Die Tagung findet unter der Leitung von Thomas statt. (übertragener Gebrauch)

(Helbig/ Buscha 2001: S. 384-385)

Diese Beispiele verdeutlichen, dass man bereits mit einer Wechselpräposition wie z.B. *auf*, sogar mit der gleichen Kasusforderung verschiedene Verhältnisse ausdrücken kann. Die Bedeutung einiger Wechselpräpositionen lässt sich auch manchmal ohne Kontext erschließen, wie z.B. *unter, hinter* die eine lokale Bedeutung besitzen. Im übertragenen Gebrauch weisen Wechselpräpositionen wie z.B. *unter seiner Leitung* hingegen meistens keine besondere Bedeutung auf.

2.4. Lernschwierigkeiten beim Erwerb von Wechselpräpositionen

Die grammatischen und linguistischen Merkmale von Wechselpräpositionen, welche bereits diskutiert wurden, ergeben zugleich die Lernschwierigkeiten beim Erwerb von Wechselpräpositionen. Lernende stellen sich beim Gebrauch der Wechselpräpositionen oft die Frage: Welcher Kasus ist richtig? (Kokov 2000: S. 9). Besonders die Zweifelsfälle bei der Verwendung (siehe Kapitel 2.1.) verunsichern die Lernenden oft. Wechselpräpositionen mit ähnlicher Bedeutung, wie z.B. *über* und *auf*, führen bei Lernern oft zu Verwirrung. Auch sind bei einigen Verben bestimmte Wechselpräpositionen erforderlich und können nicht ersetzt werden. Diese festen Verbindungen können nur auswendig gelernt werden.

Nach Götze/ Hess-Lüttich (2002: S. 312) erschwert Lernenden das Verständnis, wenn mehrere Präpositionen (Wechselpräpositionen mit anderen Präpositionen) direkt nacheinander vorkommen, z.B. *Sie steht im durch das Feuer verbrannten Haus.* Lernende haben dabei oft auch das Problem, die richtige Rektion für das Substantiv auszuwählen.

In dem Beispiel *vor, neben und hinter dem Haus* haben die 3 Präpositionen zwar die gleiche Kasusforderung, Lernende müssen trotzdem mehr Zeit in Anspruch nehmen, um die richtige Endung des Artikels finden zu können (vgl. Eisenberg/ Gelhaus/ Wellmann/ Henne/ Sitta 1995: S. 378, Hentschel/ Weydt 2003: S, 389).

3. Darstellung von Wechselpräpositionen in 4 Grammatiken

In diesem Kapitel werden die Beschreibungen und Darstellung von Wechselpräpositionen in 2 linguistischen und 2 didaktischen Grammatiken, denen unterschiedliche Konzeptionen zugrunde liegen und sich an unterschiedliche Lerngruppen richten, analysiert.

Dabei werden folgende Ziele verfolgt:

1. Wie werden Wechselpräpositionen beschrieben? Erlangen sie in den Grammatiken besondere Aufmerksamkeit oder nicht? Weist die Beschreibung irgendwelche Besonderheiten auf?
2. Wie wird in der jeweiligen Grammatik auf die Lernschwierigkeiten eingegangen?
3. Welche Vorteile und Nachteile haben die Grammatiken bei der Beschreibung?

3.1. Wechselpräpositionen in 2 linguistischen Grammatiken

3.1.1. Wechselpräpositionen in der *„Duden Grammatik der deutschen Gegenwartssprache* 4. Band, 5. Aufl.*“*

Allgemeine Informationen zu der Grammatik:

Die Grammatik wurde 1995 vom Duden Verlag in Mannheim veröffentlicht. Gegenstand der Duden Grammatik ist die gesprochene und geschriebene deutsche Standardsprache der Gegenwart. Diese stellt eine vorbildliche Mischung aus wissenschaftlicher Grammatik und Gebrauchsgrammatik dar und richtet sich vor allem an Lehrende und Lernende, die die deutsche Grammatik erlernen möchten. Als eine linguistische Grammatik versucht sie, die deutsche Sprache deskriptiv zu beschreiben, ohne dabei auf die normative Geltung der Sprachezu verzichten[2].

---

[2] Siehe: Vorwort der Duden Grammatik der deutschen Gegenwartssprache 4. Band. 5. Aufl. 1995.

Wechselpräpositionen in der Grammatik:

In der Grammatik des Duden werden Wechselpräpositionen vor allem im Kapitel *die Präposition* beschrieben. Aber auch in den Kapiteln *der Satzgliedinnenbau* und *die deutschen Satzbaupläne* wird auf Inhalte zu Wechselpräpositionen quer verwiesen.

In dem Kapitel *die Präposition* wird über die Entstehung, den Gebrauch, die semantische Bedeutung und die Schwierigkeiten beim Gebrauch der Wechselpräpositionen geschrieben. Für die Rektion der Wechselpräpositionen wurde ein eigener Abschnitt geschaffen. Unter den anderen Teilen *Entstehung, Gebrauch* und *die semantischen Bedeutungen* werden Wechselpräpositionen hingegen zusammen mit anderen Präpositionen beschrieben. Die Duden Grammatik versucht, die Wechselpräpositionen so umfangreich wie möglich zu beschreiben und sich gleichzeitig an der klassischen, am Latein orientierenden Terminologie zu orientieren. Bei der Rektion werden zuerst die Verwendungsweisen, also den Gebrauch von Dativ und Akkusativ in einer Tabelle kurz erklärt. Dies geschieht sehr übersichtlich und verständlich. Danach wird auf einige Besonderheiten bei der Verwendung der Wechselpräpositionen hingewiesen, wobei immer mehr als ein meist konstruiertes Satzbeispiel, welches kursiv markiert ist, als Verstehenshilfe genannt und mögliche Verwechslungen immer in Klammern angegeben werden. Die Beschreibung über die Rektion der Wechselpräpositionen erweist sich als sehr vollständig. Bei den semantischen Bedeutungen werden Wechselpräpositionen nach den 4 typischen semantischen Klassen (lokal, modal, temporal und kausal) in Gruppen aufgeteilt und miteinander vergleichend erklärt. Z.B. werden auf die 3 Wechselpräpositionen *in, auf, an* bei lokaler Bedeutung sehr detailliert vergleichend eingegangen. Der Vergleich miteinander ist m.E. sehr gut und hilfreich, besonders für ausländische Deutschlernende. Am Ende des Kapitels werden u.a. für einige Wechselpräpositionen, die zu Lernschwierigkeiten führen, Beispiele genannt und erklärt.

Auf der anderen Seite werden aber nicht alle Wechselpräpositionen in ihrer semantischen Bedeutung erklärt und es fehlt eine kurze Zusammenfassung nach der Beschreibung. Diese ist aber wichtig, da einige Wechselpräpositionen verschiedene semantische Bedeutung tragen können. Z.B. kann *unter* sowohl lokale als auch modale Bedeutung ausdrücken (*unter dem Tisch, unter dieser Bedingung*). Dass Wechselpräpositionen meistens nur lokale und temporale Bedeutung ausdrücken wird in der Duden Grammatik ebenso wenig explizit offengelegt.

Im Kapitel *der Satzgliedinnenbau* wird in einem Teil über den Gebrauch und die semantische Bedeutung der wechselpräpositionalen Attribute gesprochen, wobei die Verwendungsweisen einiger Wechselpräpositionen wie *an, in, auf* anhand von Beispielen kurz erklärt wird. Durch den fettgedruckten Titel und die normale Schrift der Beispiele ist die Darstellung sehr übersichtlich, sodass sie sehr gut erklärt werden.

z.B.:   ***Attributive Bestimmung des Raums:***
        Die Leute auf dem Lande leben ruhiger.
        (Eisenberg/ Gelhaus/ Wellmann usw. 1995: S. 641)

Im Kapitel *die deutschen Satzbaupläne* werden die syntaktischen Funktionen von manchen wechselpräpositionalen Phrasen in einigen Satzbauplänen, wie z.B. Subjektv + Prädikat + Raumergänzung, Subjekt + Prädikat + Akkusativobjekt + Zeitergänzung mit Diagrammen und Beispielen kurz erklärt (vgl. Eisenberg/ Gelhaus/ Wellmann usw. 1995: S. 659-663). Die Erklärungen in diesem Kapitel sind durch Diagramme sehr anschaulich und verständlich dargestellt. Allerdings werden unter den Diagrammen lediglich nur weitere Beispiele mit Wechselpräpositionen ohne konkrete Erklärung gegeben. Hier fehlt auch eine strukturierte Übersicht. Zudem ist es nicht leicht, ein gezieltes Nachschlagen zur syntaktischen Funktionen der Wechselpräpositionen vorzunehmen.

3.1.2. Wechselpräpositionen in der *„Grammatik der deutschen Sprache. Sprachsystem und Sprachgebrauch* 3. Aufl.*"*

Allgemeine Informationen zu der Grammatik:

Die Grammatik wurde 2003 vom Wissen Media Verlag in München veröffentlicht. Sie stellt das Sprachsystem und den Sprachgebrauch der Gegenwartssprache dar. Besonderheiten dieser Grammatik sind vor allem, das sie nicht nur die Formlehre (Morphologie) und die Satzlehre (Syntax) der deutschen Sprache beschreibt und normiert, sondern auch den Gebrauch der sprachlichen Mittel (Laut, Wort, Satzglied und Satz) in unterschiedlichen sozialen Situationen. Die einschlägigen Kapitel handeln von der Sprache in Institutionen (Ämter, öffentliche Anstalten), von neuen Wörtern und deren Beurteilung, von Stilniveaus und von Unterschieden der geschriebenen und gesprochenen

Gegenwartssprache. Neue linguistische Forschungsergebnisse zum Text, zu Textsorten werden dabei berücksichtigt. Der Text rückt dabei in den Mittelpunkt der Betrachtung[3].

Wechselpräpositionen in der Grammatik:
Wechselpräpositionen werden in dieser Grammatik hauptsächlich im Kapitel *die Präposition* und im Kapitel *Satzbaupläne* beschrieben.

Wechselpräpositionen werden in dem Kapitel *die Präposition* anhand ihrer Rektion, semantischer Gliederung und Besonderheiten beschrieben. Anders als bei der Duden Grammatik, wo die semantischen Verhältnisse zuerst erklärt werden, gibt es in dieser Grammatik zuerst die Rektion der Wechselpräpositionen und einige Anmerkungen mit konstruierten Satzbeispielen in ihrer Verwendung dazu. Die Erklärungen bzw. die Anmerkungen fallen auch deutlich geringer aus als die in der Duden Grammatik, aber ohne dabei weniger verständlich zu sein. Z.B. in dem Punkt *bei der übertragenden Bedeutung steht „bei" „auf" und „über" der Akkusativ.* fällt die Erklärung zwar kürzer, aber auch prägnanter und damit besser aus (vgl. Götze/ Hess-Lüttich 2002: S. 308). Im Unterschied zur Duden Grammatik werden in dieser Grammatik mehrere semantische Untergruppen von Präposition[4], neben lokalen, temporalen, modalen und kausalen, in konzessive und übertragende Bedeutung als eigenständige Gruppen unterteilt. Wechselpräpositionen werden in den Untergruppen nur erwähnt und mit kurzen Phrasenbeispielen ohne weitere Erklärung dargestellt. Z.B. werden in der Gruppe der Präpositionen mit lokaler Bedeutung die Wechselpräpositionen *an, auf, hinter, in, neben, über, unter, vor, zwischen* aufgelistet und mit einfachen Beispielen wie z. B. an (*an der Wand/ an der Isar*), vor (*vor der/die Universität*) versehen (vgl. Götze/ Hess-Lüttich 2002: S. 310). Es fehlt hier ein Vergleich zwischen den Wechselpräpositionen bei der gleichen Bedeutung, z.B. *in, an, auf, über, bei lokaler Bedeutung.* Gerade dabei haben Lernende bei der Verwendung oft Schwerigkeiten.

Im Großen und Ganzen sind die Querverweise von Wechselpräpositionen im Kapitel *Satzbaupläne* in dieser Grammatik besser strukturiert und viel übersichtlicher als bei der Grammatik im Duden. Im Kapitel *Satzbaupläne* werden vor allem die

---

[3] Siehe: Vorwort der Grammatik
[4] Präposition im Allgemein

Wechselpräpositionen nach ihrer syntaktischen Funktion bzw. ihrer Semantik in den beiden Satzbauplänen Verb + Subjekt + Situativergänzung und Verb + Subjekt + Richtungsergänzung beschrieben (vgl. Götze/ Hess-Lüttich 2002: S. 456-459 und S. 461-463). Wechselpräpositionen werden dabei vor allem nach ihrer Bedeutung in Gruppen geteilt und Ihre Position, Besonderheiten und Ausnahmen werden mit Beispielen sehr detailliert erläutert. Hier werden auch die feste Verwendung mancher Wechselpräpositionen wie z.B. *vor, hinter* mit Verben, die für manche Lernende Schwierigkeiten bereiten könnte, erklärt. Im Vergleich mit der Duden Grammtik erleichtert diese direkt von Wechselpräpositionen ausgegangene Darstellung den Umgang beim Nachschlagen und Verstehen der Grammatik. Auf einen kleinen Punkt muss man dennoch achten, nämlich das z.B. der Satzbauplan Verb + Subjekt + Situativergänzung eigentlich Subjekt + Verb + Situativergänzung *(Er wohnt in München)* bedeutet. Dies kann auf den ersten Blick beim Verstehen zu Verwirrung führen, erklärt sich aber relativ schnell von selbst.

3.2. Wechselpräpositionen in 2 didaktischen Grammatiken

In diesem Kapitel werden die Beschreibungen von Wechselpräpositionen in 2 aktuellen (Erscheinungsjahr nach 2000) didaktischen Grammatiken, die sich vor allem auf Grundstufe-Deutsch konzentrieren, analysiert.

3.2.1. Wechselpräposition in der *„Deutsch Express. Lernergrammatik"*

Allgemeine Informationen zu der Grammatik:

Die Grammatik wurde 2002 vom Cornelsen Verlag in Berlin veröffentlicht und richtet sich an Schüler und Schülerinnen, die das Zertifikat Deutsch erwerben möchten. Sie folgt einem strikt normativen Verfahren und vermittelt Schülern und Schülerinnen aus didaktischen Gründen vereinfachten Formulierungen das Basiswissen der deutschen Grammatik. Laut dem Autor (Prof. Dr. H. J. Heringer) eignet sich die Grammatik sowohl zur gezielte Prüfungsvorbereitung als auch zum schnellen Nachschlagen und Überprüfen[5]. Es gibt in dieser Grammatik am Anfang kein Vorwort. Sie beginnt direkt mit dem Inhaltsverzeichnis. Die Grammatik ist in drei große Teile *rund ums Verb, rund ums*

---

[5] Siehe: Deutsch Express. Lernergrammatik 2002.

Nomen und *der Satzbau* gegliedert. Es gibt zu dieser Grammatik zusätzlich noch ein Arbeitsheft mit Übungen, die zum Einüben und zur Festigung der Regeln dienen.

Wechselpräpositionen in dieser Grammatik:

Nach ihrer Konzeption wrid in dieser Grammatik nur u.a. das wichtigste Basiswissen von Wechselpräpositionen nämlich ihre Rektion vermittelt. Die von Wechselpräpositionen gekennzeichneten semantischen Verhältnisse werden nur sehr kurz mit 2 Sätzen erwähnt, aber nicht thematisiert. In dieser Grammatik kommen nur insgesamt 7 Wechselpräpositionen (ohne *neben* und *zwischen*) vor. Ihre Verwendungsweisen (Unterscheidung zwischen *wo* und *wohin*) werden am Anfang zuerst insgesamt sehr kurz mit 2 Beispielen umgangssprachlich erklärt. Danach werden zu jeder Wechselpräposition viele Beispiele gegeben, um die Unterscheidung zwischen Akkusativ und Dativ bei der Verwendung zu verdeutlichen. Ein Musterbeispiel für die Darstellung der Wechselpräpositionen in dieser Grammatik wird dabei so ausgeführt:

hinter—Dativ	*hinter—Akkusativ*
Die Verliererin saß weit hinter mir.	*Die Verliererin setzte sich hinter mich.*
Drei versteckten sich hinter einem Baum.	*Drei rannten hinter einen Baum.*

Das liegt lange hinter uns. (Heringer 2002: S. 74)

Wie man an dem Beispiel *hinter* gut erkennen kann, entsteht durch die Übersichtlichkeit ein gutes Verständnis zur Verwendung. Meiner Meinung nach fehlt es aber an notwendigen Erklärungen, ohne die manche Lernende keine universelle Anwendung der Wechselpräpositionen erlernen kann. So wird die semantische Ebene der Wechselpräpositionen auch nicht ausreichend erklärt. Ein weiteres Defizit ist, das die Zweifelsfälle bzw. Besonderheiten bei der Verwendung der Wechselpräpositionen in dieser Grammatik ausgeschlossen werden. Dies könnte zwar dadurch begründet werden, dass eine didaktische Grammatik Ausnahmen eher ausschließt, in der Praxis den Lernern allerdings schon ab A1 Niveau begegnen.

3.2.2. Wechselpräpositionen in der „*Einfach Grammatik.*

Übungsgrammatik Deutsch A1 bis B1"

Allgemeine Informationen zu der Grammatik:

Die Übungsgrammatik wurde 2007 von Langenscheidt in Berlin veröffentlicht. Sie ist eine Selbstlerngrammatik und passt zu jedem Lernenden mit Niveaustufe A1 bis B1. Als eine normative-präskriptive Grammatik schließt sie wie bei der Lernergrammatik. Deutsch Express Ausnahmen aus und folgt dem induktiven Lernen. Lernende entdecken über kleine Aufgabeschritte die Regeln selbst. Sie wählen die Übungen nach Ihrem Niveau aus [6]. Bei der Grammatikerklärung werden aus didaktischen Gründen Vereinfachungen vorgenommen und mit eher konstruierten Beispielen versehen. Da sie einer typischen Übungsgrammatik entspricht, folgt sie im Allgemeinen der Doppelseitengestaltung, wobei auf der linken Seite die Regeln mit Hilfe von kleinen Aufgaben eingeführt und erklärt (Regelteil) und auf der rechten Seite mit Übungen dazu (Übungsteil) ergänzt werden. Handelt es sich um komplexere Regeln werden manchmal auch mehr Aufgaben und Übungen angeboten. Im Prinzip ist die Grammatik formbezogen und stützt sich auf die Grammatik-Übersetzungsmethode. Durch ihre gelegentlich etwas pragmatischen, kommunikativen, thematisch textorientierten Übungen zeigt sie allerdings, dass sie sich bemüht, kommunikative und pragmatische Aspekte der Sprache zu berücksichtigen. Im Kapitel *Präpositionen* werden z.B. einen kurzen authentischen Text über die Öffnungszeit eines Geschäftes verwendet und Übungen zur Wegbeschreibung angeboten (Rusch/ Schmitz 2007: S. 137-142).

Wechselpräpositionen in dieser Grammatik:

Am Anfang des Kapitels gibt es eine kurze Einführung der Wechselpräpositionen, wobei sie neben anderen aufgelistet werden. Danach gibt es zuerst einige Aufgaben, anhand dessen Lösungen Lernende die Regeln bei der Verwendung der Wechselpräpositionen selbst erschließen und ergänzen sollen. Die Regeln werden in Form von Kästchen gesondert dargestellt. Das induktive Lernen ist für Lernende zwar leicht und verständlich, kann aber auch zu Überforderung führen, da nicht jeder Lerner im Gegensatz zu Sprachwissenschaftler oder Linguisten in der Lage ist, die Regeln daraus zu erschließen.

---

[6] Siehe Vorwort der Grammtik.

Hier ist eine Bestätigung durch die Lehrseite m. E. sehr wichtig. Wechselpräpositionen werden nur wie in der *Lernergrammatik Deutsch Express* in Ortsveränderung und Nicht-Ortsveränderung unterschieden. Weitere mögliche Zweifelsfälle/ Besonderheiten werden nicht erwähnt. Im Anschluss folgen verschiedene Übungen dazu. Im Inhaltsverzeichnis wird auf die Übungen klar hingewiesen, für welche Niveaustufe sie gedacht sind. Graphische und bildliche Elemente werden dabei zur Erläuterung grammatischer Phänomene bzw. zur Veranschaulichung der Übungen verwendet. Besonders auffällig ist, dass die Übungen satzorientiert, konstruiert und thematisch inkongruent sind. Meistens handelt es sich um Ergänzungsübungen (entweder Ergänzungen von Artikeln oder von Wechselpräpositionen oder beides), die für Lernende schnell langweilig werden könnten. Z.B. gibt es in der Grammatik folgende Übungen:

Die Lehrerin steht vor ___ Tafel.   (die/ der)

____ der Ecke steht ein Tisch. (An/ In)

Das Bett stellen wir _____ (das) Fenster. (Rusch/ Schmitz 2007: S. 138-139)

Am Ende des Kapitels gibt es noch einen Teil mit dem Titel *Was man mit Präpositionen machen kann*, der zur Erklärung der Verwendung u.a.von Wechselpräpositionen dient. Dieser Teil ist zuerst mit Regeln und danach mit Beispielen sehr übersichtlich dargestellt. Dabei werden einzelne Wechselpräpositionen herausgegriffen und mit Beispielen erklärt.

4. Fazit und Ausblick

Im Mittelpunkt dieser Arbeit stand, Wechselpräpositionen in den 4 Grammatiken zu untersuchen und zu analysieren. Es ergab sich, dass Wechselpräpositionen in den beiden linguistischen Grammatiken sehr umfangreich und detailliert beschrieben wurden. Im Großen und Ganzen erfolgte dies übersichtlich und verständlich. Die Rektion der Wechselpräpositionen bzw. Besonderheiten bei der Verwendung nehmen in den beiden Grammatiken einen wichtigen Platz ein und werden in einem gesondertem Teil beschrieben. Dieser ist in beiden Grammatiken sehr gut strukturiert und anschaulich dargestellt. Durch detaillierte Erklärungen werden die möglichen Verwirrungen bei der Verwendung verdeutlicht. Die semantische Klassifizierung der Wechselpräpositionen werden hingegen unter dem Überbegriff der Präposition zusammen gefasst. Mit Hilfe von

Querverweisen in anderen Kapiteln wurden vor allem auch die syntaktische Funktion der Wechselpräpositionen sehr detailliert dargestellt. Dies ist für ein grundsätzliches Verständnis zu Wechselpräpositionen sehr hilfreich. Leider geht dabei besonders in der Duden Grammatik die Übersichtlichkeit verloren, was wiederum ein schnell gezieltes Nachschlagen erschwert. Als Vorschlag könnte man beispielsweise der Wechselpräpositionen ein eigenständiges Unterkapitel von *Präposition* geben, das all ihre linguistischen Merkmale darin umfasst.

In den beiden didaktischen Grammatiken werden Wechselpräpositionen nach Adressaten stark vereinfacht. Man kann aber bei beiden Grammatiken feststellen, dass die Rektion und die semantische Gliederung der Wechselpräpositionen, als sehr wichtig angesehen und bereits ab der Grundstufe vermittelt werden soll. Die Lernschwerigkeiten werden aber in den beiden Grammatiken nicht thematisiert. Dies muss eventuell überdacht werden, denn bereits als Anfänger hat man Schwerigkeiten bei der Verwendung der Wechselpräpositionen. In der Grammatik „Deutsch Express, Lernergrammatik" ist deutlich zu bemerken, dass es zu wenig Erklärungen zum Selbstlernen gegeben werden. Bei der Gestaltung von didaktischen Grammatiken sollte man in Zukunft darauf achten, dies zu verbessern, besonders wenn das eine Selbstlerngrammatik ist. In der Übungsgrammatik taucht der Begriff Wechselpräposition gar nicht erst auf. Die Übungen erweisen sich als trocken, nicht vielfältig und nicht kreativ genug. Bei der Gestaltung der Übungen von grammatischen Phänomenen könnten in Zukunft andere Konzepte wie z.B. der produktionsorientierten oder rezeptionsorientierten Übungsgrammatik zum Einsatz kommen, um daraus effektivere Übungen für Lernende herauszuarbeiten.

Literaturverzeichnis

Boettcher, W. (2009): Grammatik Verstehen Band 1: Wort (S. 140-149). Tübingen: Max Niemeyer Verlag.

Eisenberg, P. /Gelhaus, H./Wellmann, H./... (1995): Duden Grammatik der deutschen Gegenwartssprache. 4. Band. 5. Aufl. (S. 375-390). Mannheim: Duden Verlag.

Götze, L./ Hess-Lüttich, E. W. B. (2002): Grammatik der deutschen Sprache. Sprachsystem und Sprachgebrauch (S. 304-313). Gütersloh/ München: Wissen Media Verlag.

Grießhaber, W. (2009): Präposition. In: Hoffmann, L. (2009): Handbuch der deutschen Wortarten (S. 629-651). Belin: Walter de Gruyter GmbH & Co. KG.

Helbig, G./Buscha, J. (2001): Deutsche Grammatik. Ein Handbuch für den Ausländerunterricht (S.353-390). Berlin: Langenscheidt KG:

Hentschel, E./ Weydt, H. (2003): Handbuch der deutschen Grammatik. 3. Aufl. (S. 275-286). Berlin: Walter de Gruyter GmbH & Co. KG.

Heringer, H. (2002): Deutsch Express. Lernergrammatik Deutsch als Fremdsprache (S. 70-74). Berlin: Cornelsen Verlag.

Lütke, B. (2011): Deutsch als Zweitsprache in der Grundschule. Eine Untersuchung zum Erlernen lokaler Präpositionen (S. 105). Berlin: Walter de Gruzter.

Pitner, K./ Berman, J. (2008): Deutsche Syntax. Ein Arbeitsbuch. 3. Aufl. Tübingen: Narr Verlag (S. 22-23).

Redder, A. (2005): Wortarten oder sprachliche Felder, Wortartenwechsel oder Feldtransposition? In: Knobloch, C./ Schaeder, B. (Hg.): Wortarten und Grammatikalisierung (S. 43-66). Berlin/New York: de Gruyter.

Rusch, P./ Schmitz, H. (2007): Einfach Grammatik. Übungsgrammatik Deutsch A1 bis B1 (S.130-143). Berlin: Langenscheidts.

Tarasevich, L. (2003): Dimensionale Präpositionen. Eine kontrastiv-semantische Untersuchung von vor und nepeo (S. 19-24). Münster: Waxmann Verlag.

Kokov, O. (2000): Präpositionen im Kontext und Vergleich: Hochdeutsch, Englisch, Niederdeutsch. Ein Lernsystem (S. 9-12). Frankfurt am Main: Europäischer Verlag der Wissenschaften.

BEI GRIN MACHT SICH IHR WISSEN BEZAHLT

- Wir veröffentlichen Ihre Hausarbeit,
  Bachelor- und Masterarbeit

- Ihr eigenes eBook und Buch -
  weltweit in allen wichtigen Shops

- Verdienen Sie an jedem Verkauf

Jetzt bei www.GRIN.com hochladen und kostenlos publizieren